In 7 Tagen fit fürs Bewerbungsgespräch

von Tobias Meier

Interview Academy

Copyright © 2014-2015 Tobias Meier, Interview Academy

Der Inhalt dieses Buches und die Tipps und Vorbereitungen sind von uns sorgfältig ausgewählt und geprüft worden. Dennoch können wir keine Garantie für ein erfolgreiches Vorstellungsgespräch oder für die Richtigkeit der Lösungsansätze in der jeweiligen Situation geben. Die Interview Academy, MarketMatch und unsere Teams übernehmen daher keine Haftung für Personen-, Sach- oder Vermögensschäden.

Inhaltsverzeichnis

Wie du dieses Buch nutzt...5
Die Grundlagen eines erfolgreichen Gespräches...........9
Kleidung...12
Auftreten & Körpersprache...16
Vorbereitung auf ein Bewerbungsgespräch...............21
Klassische Fragen...25
Werdegang..26
Warum interessieren Sie sich gerade für diese Stelle?....31
Warum sollten wir uns gerade für Sie entscheiden?.........32
Warum bewerben Sie sich gerade bei uns?...................34
Was sind Ihre Stärken?..36
Was sind Ihre Schwächen?...38
Warum wollen Sie wechseln?...40
Haben Sie sich noch woanders beworben?..................42
Was ist Ihr bisher größter Erfolg?..................................44
Was ist Ihr größter Misserfolg?......................................46
Was können Sie in den neuen Job einbringen?...........48
Wo sehen Sie sich in 3, 5, 10 Jahren?............................49
Was machen Sie in Ihrer Freizeit?.................................52
Wie stressresistent sind Sie?..54
Welche Gehaltsvorstellungen haben Sie?...................56
Verhaltensfragen..61
Eigene Fragen im Bewerbungsgespräch......................65

Unzulässige Fragen im Bewerbungsgespräch 67
Telefoninterviews 70
Über uns 74
Impressum und Rechtliche Hinweise 78

Wie du dieses Buch nutzt

Das Buch - wie auch die Interview Academy selbst - ist aus der Idee entstanden, Studenten und Absolventen die bestmögliche Vorbereitung auf ein Bewerbungsgespräch zu ermöglichen.

Es gibt zwar eine Vielzahl unterschiedlicher Ratgeber zu den Themen Bewerbung und Vorstellungsgespräch, aber leider lässt die Qualität oft zu wünschen übrig, oft sind auch die einzelnen Beschreibungen und Tipps ungenau, häufig sogar falsch. Zum Beispiel, dass man auf die Frage nach den eigenen Schwächen eine Antwort geben soll, die auch als Stärke ausgelegt werden kann, wie etwa ungeduldig zu sein. Das ist absolut falsch. Recruiter sind nicht so dumm, wie manche gut gemeinten Ratgeber suggerieren. Und mit so einer Antwort disqualifiziert man sich im Handumdrehen selbst.

Unser Ansatz ist anders

Noch vor wenigen Jahren waren wir selbst noch in der Situation, uns auf Bewerbungsgespräche vorbereiten zu müssen, mittlerweile sind wir in der Position, selbst Mitarbeiter zu rekrutieren und neue Teammitglieder einzustellen. Dadurch haben wir jahrelange Erfahrung im Bereich Recruiting in großen Unternehmen.

Gleichzeitig ist uns die „Bewerber-Seite" aber noch sehr präsent und wir wissen wie es ist, in einem Vorstellungsgespräch Rede und Antwort stehen zu müssen. Diese Erfahrung möchten wir weitergeben und dir dabei helfen, dein Interview erfolgreich zu meistern.

Was bietet dir dieses Buch?

Für das erhalten im Bewerbungsgespräch gibt es keine „Patentlösung. In einem solchen Interview geht es weniger um eine präzise Antwort oder um jedes inhaltliche Detail, sondern vielmehr darum, wie du ein Problem angehst und wie du mit bestimmten Situationen umgehst. Daraus leiten die Beobachter Eigenschaften ab, die für die zu besetzende Stelle wichtig sind. Das können z.B. strukturiertes Denken und Handeln, kreative Lösungsansätze oder Durchsetzungsvermögen sein.

In diesem Buch erklären wir dir, welche Fragen du erwarten solltest, worauf die Recruiter bei den unterschiedlichen Themen achten, und wie du dich am Tag des Gespräches optimal präsentierst. Dabei geht es nicht darum, dich zu verstellen, sondern deine Stärken hervorzuheben und dich von deiner besten Seite zu zeigen.

Dabei gehen wir auf die folgenden Themen ein:

- Welche Fragen kommen typischerweise vor?
- Worauf achten die Interviewer?
- Wie kann ich klassische Fragen optimal beantworten?
- Wie kann ich mich vorbereiten?

In diesem Buch findest du alles rund um die Themen Anschreiben, Lebenslauf und Bewerbung, sowie viele Infos zum Ablauf eines Interviews, den typischen Fragen, auf die du vorbereitet sein solltest, und viele Beispiele, wie man im Gespräch einen guten Eindruck hinterlassen kann.

Abgerundet wird unser Angebot durch viele Randaspekte des Interviews, von der angemessenen Kleidung über die passende Körpersprache bis hin zum Small Talk zu Beginn eines Termins. Wir haben uns vorgenommen, dir alle relevanten Themen rund um die bestmögliche Vorbereitung auf ein Interview näherzubringen.

Wir wünschen dir viel Spaß bei der Lektüre dieses Buches, und natürlich viel Erfolg bei der Vorbereitung auf dein Bewerbungsgespräch.

Tobias Meier
Interview Academy

Du hättest gerne weitere Informationen zum Thema Vorstellungsgespräch?

Die Interview Academy bietet dir einen umfassenden Video-Kurs zur Vorbereitung.

Besuche uns in der Interview Academy unter: www.interviewacademy.de

Die Grundlagen eines erfolgreichen Gespräches

Das Ziel eines Bewerbungsgesprächs besteht aus der Sicht des Interviewers und des Unternehmens darin, deine Eignung und Motivation für eine zu besetzende Position zu prüfen. Anhand des Gespräches wird beurteilt, welcher der vorausgewählten Kandidaten am besten „passt". Dabei spielen sowohl deine fachliche Eignung, als auch deine Persönlichkeit und deine Motivation eine große Rolle.

Eignung und Motivation

Die fachliche Eignung solltest du bereits mit deinen Bewerbungsunterlagen nachgewiesen haben. Anhand des Lebenslaufes und deiner Zeugnisse kann die Firma sehr gut beurteilen, ob du die jeweils notwendige Ausbildung und eventuell erforderliche Praxiserfahrung besitzt. Im Gespräch werden diese Punkte sicherlich noch im Detail behandelt. Dennoch sollten dabei keine großen Überraschungen mehr für die Interviewer zu erwarten sein. Die Einladung zum Bewerbungsgespräch signalisiert ja bereits, dass du aus der Sicht des Unternehmens von der Ausbildung und deinem Werdegang her grundsätzlich ein geeigneter Kandidat bist.

Daher stellt die „Motivation" in deinem Vorstellungsgespräch den wichtigsten Aspekt dar, und bildet zugleich das wesentliche Merkmal, das dich gegenüber anderen Bewerbern hervorhebt. Die Motivation spielt zwar bereits in in deinem Anschreiben eine Rolle, aber dort wird auch jeder andere Bewerber „großes Interesse an der ausgeschriebenen Position" bekundet haben. Es geht auch nicht darum, im persönlichen Gespräch den Arbeitgeber, die zu besetzende Stelle oder die damit verbundenen Aufgaben in den höchsten Tönen zu loben und sich „aus Prinzip" begeistert zu zeigen. Alle zu einem Gespräch eingeladenen Bewerber sind von ihrer fachlichen Eignung her bereits grundsätzlich für die Stelle qualifiziert. Daher punktet besonders derjenige Bewerber, der die Interviewer davon überzeugen kann, dass er oder sie unbedingt und aus nachvollziehbaren Gründen in dieser Branche, diesem Unternehmen oder dieser Funktion tätig sein möchte.

Fachliche Aspekte kann ein Unternehmen einem Berufseinsteiger bei Bedarf schnell vermitteln. Einen neuen Mitarbeiter zu motivieren, wenn dieser nicht schon aus Eigenantrieb ein hohes Maß an Interesse mitbringt, ist dagegen deutlich schwieriger. Daher achten Interviewer neben der fachlichen Eignung besonders auf die Motivation und das _echte_ Interesse eines Bewerbers an der Position.

In verschiedenen Abschnitten eines Gesprächs hast du die Möglichkeit, deine Motivation deutlich zu machen. Diese Chancen solltest du auch nutzen.
So kannst du gleich am Anfang, wenn du nochmals auf deinen Lebenslauf eingehst, deine bisherigen Erfahrungen so miteinander verknüpfen, dass sich diese Bewerbung als nächsten logische Schritt deines Werdeganges darstellt. Das erleichtert den Interviewern zu verstehen, warum du dich gerade für diese Stelle so interessierst.

Zudem kannst du die klassischen Fragen „Warum wollen Sie gerade hier arbeiten?" oder „Warum sollten wir gerade Sie einstellen" mit entsprechend hoher Motivation perfekt beantworten. Details dazu findest du in den jeweils mit diesen Fragen verbundenen Abschnitten dieses Buches.

Wenn dir im Gespräch also die Chance geboten, deine Motivation darzulegen, dann nutze diese Chance auch. Die Motivation sollte in deiner Antwort gegenüber inhaltlichen oder fachlichen Aspekten immer im Vordergrund stehen.

Kleidung

Im Bewerbungsgespräch gilt als Dresscode „Business". Das heißt, ein Anzug mit Krawatte für Männer, oder ein Kostüm bzw. einen Hosenanzug für Frauen.

Dresscode Männer

Während Frauen bei Geschäftskleidung etwas Gestaltungsspielraum besitzen, sind Anzug und Krawatte für Männer Pflicht. Ein offener Kragen oder eine Jeans mit Sakko sind nicht ausreichend und bilden im Bewerbungsgespräch sofort einen Minuspunkt.

Du solltest einen dezenten, dunklen Anzug wählen (dunkelblau, grau, anthrazit, schwarz), und dazu farblich passend Hemd (weiß, blau) und Krawatte (dezent, keine Motive). Ein schwarzes Hemd ist möglich, aber weniger seriös als ein weißes oder blaues.

Die Krawatte darf farblich etwas auffälliger sein, solange sie insgesamt dezent und geschmackvoll bleibt. Am besten lässt du dich im Fachgeschäft beraten. Die Krawatte darf kein Motiv tragen, gerne aber eines der klassischen Muster wie Querstreifen. Krawattennadeln sind out, ebenfalls solltest du zu Vorstellungsgesprächen keine Manschettenknöpfe tragen. Das Sakko kannst du problemlos offen lassen. Grundsätzlich ist es auch in Ordnung, das Sakko im Vorstellungsgespräch abzulegen, aber nur, wenn die Interviewer das selbst – und zuerst! -

auch tun. Unsere Empfehlung ist, das Sakko während des Gesprächs immer anzulassen.

Zum Anzug trägst du braune oder schwarze Lederschuhe. Der Gürtel muss die gleiche Farbe wie deine Schuhe haben, also ebenfalls braun oder schwarz. Körperschmuck wie Ohrringe oder Ketten legst du mit Ausnahme deiner Uhr besser ab.
Eine klassische Kombination wäre ein dunkelgrauer Anzug mit weißem oder hellblauem Hemd, schwarzen Lederschuhen und schwarzem Gürtel und einer farbigen, aber dezent quergestreiften Krawatte.

Dresscode Frauen

Als Frau hast du etwas mehr Gestaltungsspielraum ein Mann. Dennoch musst du dich aber genauso an den Dresscode „Business" halten. Trage ein Kostüm oder einen Hosenanzug. Jeans mit Sakko stellen keine Option dar und wirken unprofessionell. Rock mit Bluse und Sakko ist okay, besser noch eine Hose mit Bluse und Sakko. Wähle ein dezentes, dunkles Kostüm oder einen Hosenanzug (dunkelblau, grau, anthrazit, schwarz) und dazu eine farblich passende Bluse (weiß, blau).

In den letzten Jahren ist durch Studien belegt worden, dass weniger weiblich wirkende Kleidung in Bewerbungsgesprächen die Einstellungschancen deutlich steigert. Ob man sich darüber nun ärgert oder nicht, dieses Wissen solltest du zu deinem Vorteil nutzen. So ist im Bewerbungsgespräch ein Hosenanzug empfehlenswert, aber auch eine eher konservative Kleidungsweise.

Die Haare kannst du als Frau offen oder geschlossen tragen, während geschlossen in der Regel etwas seriöser wirkt und daher von uns empfohlen wird. Als Frau kannst du während des Interviews auch Körperschmuck tragen, allerdings mit Ausnahme von Gesichts- und Zungenpiercings. Falls dir solche „persönlichen Merkmale" wichtig sind, kannst du diese Tipp natürlich auch in den Wind  schreiben; ob wir es nun gut finden oder nicht, sieht die Realität aber nun einmal so aus, dass der Individualität im Berufsleben zumindest unausgesprochen Grenzen gesetzt sind, derer man sich bewusst sein sollte.

Hochhackige Schuhe sind im Bewerbungsgespräch okay. Pfennigabsätze solltest du aber ebenso wie Absätze über 6cm aus ganz praktischen Gründen vermeiden. Dunkle Lederschuhe oder Stiefel (schwarz oder braun) sind optimal.

Handtaschen kannst du ins Interview mit nehmen, allerdings empfehlen wir, diese sogleich an der Garderobe abzulegen und dort den gesamten Termin über zu belassen – natürlich erst, nachdem du die wichtigsten Wertsachen herausgenommen hast. Die Handtasche im Gespräch dabei zu haben oder ggf. sogar von Interview zu Interview in derselben Firma mit sich herumzutragen, kann schnell unprofessionell wirken. Im späteren Berufsleben bleibt dieses Accessoire ja auch in Schreibtischnähe – und wandert nicht mit von Meeting zu Meeting, jedenfalls nicht hausintern.

Auftreten & Körpersprache

Ebenso wichtig wie die inhaltliche Vorbereitung sind dein Auftreten im Bewerbungsgespräch und der Gesamteindruck, den du bei den Unternehmensvertretern hinterlässt. Neben Kleidung und Small Talk am Anfang gehört dazu auch der Faktor Selbstvertrauen.

Selbstvertrauen ist eines der wichtigsten Merkmale, die du im Interview zeigen solltest. Nervös zu sein ist völlig in Ordnung, und das erwarten die Interviewer auch. Der Unterschied liegt darin, wie du mit Nervosität umgehst, und ob man dir sie ansieht. Selbstvertrauen drückt sich in einigen konkreten Verhaltensweisen und Methoden aus, die du durch Übung verbessern oder vor dem Vorstellungsgespräch gezielt trainieren kannst.

Begrüßung

Die Begrüßung dient der Auflockerung ganz zu Beginn des Gesprächs und dauert meist nicht länger als fünf Minuten. Dabei geht es nicht nur um die gegenseitige, förmliche Begrüßung des Gesprächspartners, sondern insbesondere um das Auflockern der Gesprächsatmosphäre - und um die erste Einschätzung der Sozialkompetenz des Bewerbers.

Die Recruiter wissen natürlich, dass Bewerber vor einem Interview nervös sind, und versuchen diese Nervosität gleich am Anfang durch Small Talk zu mindern. Trotzdem gilt es, einige Regeln der Begrüßung zu beachten.

Handschlag & Vorstellung

Bei der Begrüßung stehst du dem Recruiter gegenüber und streckst aktiv deine rechte Hand zum Handschlag aus. Der Handschlag muss kräftig sein (aber nicht kraftvoll!) und die ganze Handfläche umschließen. Richtig liegst du, wenn du mit der Hautfläche deiner Hand (zwischen Daumen und Zeigefinger) mit etwas Druck die gleiche Fläche deines Gesprächspartners berührst. Das wirkt zwar wie eine Kleinigkeit, prägt den ersten Eindruck des Gesprächs aber schon wesentlich. Während des Handschlags lächelst du (lieber etwas mehr und leicht übertrieben als zu wenig) und stellst dich laut vor, in dem du deinen Namen sagst. Zur Auflockerung kannst du gerne Begrüßungsformeln ergänzen: „Max Mustermann. Schön, Sie kennenzulernen!" oder „Max Mustermann. Freut mich."

Lächeln

Regel Nummer 1 in jedem Bewerbungsgespräch: Immer lächeln. Dazu braucht es nicht viel, mache dir einfach bewusst, dass ein freundlicher Gesichtsausdruck einen sehr wichtigen Sympathie- und damit indirekt auch Entscheidungsfaktor darstellt. Es geht nicht um ein gekünsteltes Lächeln oder ein breites „Dauergrinsen", sondern um eine freundliche, zugängliche Grundmimik während des gesamten Gesprächs. Ein leichtes Lächeln mit leicht angehobenen Mundwinkeln ist optimal. Als Faustregel kannst du den Mund leicht öffnen, so dass man die Spitzen der Zähne sieht. Dann ist die Intensität ungefähr richtig.

Augenkontakt

Wenn du im direkten Gespräch mit einem Interviewer bist, schaue dem Gesprächspartner oder der

Gesprächspartnerin in die Augen. Das geht am besten, wenn du dir einen gedachten Punkt zwischen den Augenbrauen des Gegenübers suchst, den du dann locker fixierst. Das wirkt so, als würdest du deinem Gesprächspartner direkt in die Augen schauen, ist aber deutlich leichter umzusetzen als der direkte Blick in die Pupillen des Gegenübers.

Starre nicht, schaue ab und zu kurz weg, suche aber immer wieder den direkten Augenkontakt, in dem du auf den gedachten Punkt schaust. Blinzle ganz normal weiter. Blicke nach unten auf den Boden oder auf deine Schuhe solltest du vermeiden, schaue stattdessen ab und zu im Gespräch leicht am Kopf des Gegenübers vorbei in den Hintergrund, um dann wieder den gedachten Punkt zwischen den Augen zu fixieren.

Die Anleitung wirkt zwar recht gekünstelt, aber wenn du das im Vorfeld in Gesprächen mit Freunden oder Familie etwas übst, kann das deinen Augenkontakt in Gesprächen ganz allgemein und damit auch den Gesamteindruck im Bewerbungsgespräch schnell und spürbar verbessern.

Sprechpausen

Vermeide den Fehler, in Bewerbungsgesprächen zu viel oder zu lang zu sprechen. Jede Antwort sollte maximal 2 Minuten lang sein, besser kürzer, bevor dem Gegenüber die Möglichkeit zu Zwischenfragen oder Anmerkungen gegeben wird. Alle paar Sätze solltest du zudem ganz bewusst Sprechpausen von 1-3 Sekunden einlegen. Das unterstreicht jeweils die vorige Aussage, zeigt Selbstvertrauen und gibt dem Zuhörer die Möglichkeit, das Gesagte auch anzunehmen und zu verarbeiten, was für ihn wiederum angenehmer ist - und sich folgedessen auch auf die Bewertung positiv auswirkt.

Aktives Zuhören

Zuhören ist viel schwieriger als selbst zu reden. Gerade im Interview musst du den Fragen, aber auch Beschreibungen, Aufgabenbriefings und Informationen über das Unternehmen sehr genau zuhören und diese auch möglichst schnell erfassen, verarbeiten und speichern können. Gleichzeitig muss dein Gegenüber den Eindruck haben, dass du interessiert bist und alles verstanden hast.

Das erreichst du durch aktives Zuhören. Darunter versteht man, beim Zuhören Augenkontakt zu halten und das Gesagte durch Nicken oder kurze Kommentare („Ja.", „Interessant.", etc.) zu bestätigen. Alle 3-4 Minuten solltest du zudem das zuletzt Gesagte in eigenen Worten kurz zusammenfassen oder durch eine kurze Rückfrage bestätigen („Die Abteilung besteht also aus insgesamt drei Einheiten, richtig?").

Körpersprache & Haltung

Deine Körpersprache verrät viel über dich und wie du dich fühlst. Verschränkte Arme geben zwar Sicherheit, signalisieren aber auch, dass du nervös bist, und stellen zudem eine wahrgenommene Barriere zwischen dir und deinem Gegenüber dar. Die Arme solltest du daher offen lassen, also nicht verschränken. Du kannst die Arme entweder neben dem Körper lassen, leicht anwinkeln oder auch zwischendurch zeitweise eine Hand (niemals beide) in eine Hosentasche stecken. Wenn du nicht weißt, wohin mit deinen Händen, schau dir an, wie Comedians im Fernsehen sich verhalten, und wie sie mit ihren Gesten ihre Aussagen unterstreichen. Daran kannst du dich auch in der Vorbereitung des Vorstellungspräches sehr gut orientieren.

Wenn du stehst, verteile dein Gewicht gleichmäßig auf beide Beine, die ungefähr schulterbreit auseinander stehen. Anlehnen ist tabu.

Small Talk

Das Interview beginnt fast immer mit etwas Small Talk. Typischerweise geht es dabei um deine Anreise („Haben Sie unser Büro gut gefunden?"), das Bürogebäude oder – umfeld („Diese Meeting-Räume haben einen besonders guten Ausblick.") oder andere, naheliegende Themen. Auch das Wetter kann dabei schon mal vorkommen.

Du solltest auf den kurzen Small Talk unbedingt eingehen und eigene Anmerkungen zu Anfahrt, Bürogebäude oder Wetter einbringen. Oft ist es am einfachsten, deinen Eindruck zu schildern und eine Gegenfrage anzuschließen, etwa: „Ihr neues Gebäude sieht toll aus, sehr futuristisch. Seit wann sind Sie in diesem neuen Komplex?".

Ausschweifende Antworten sind nicht gut, ebensowenig einsilbige Reaktionen. Finde die Balance, die das Gespräch am laufen hält. Der Recruiter wird dann nach drei bis vier Wortwechseln zum formellen Teil des Interviews übergehen.

Vorbereitung auf ein Bewerbungsgespräch

Warum überhaupt vorbereiten?

Die Vorbereitung auf ein Bewerbungsgespräch ist sehr wichtig. Zwar gibt es keine „richtige" Lösung, aber viele Fragen, auf die man sich systematisch vorbereiten und so seine Chancen verbessern kann, im Interview einen guten Eindruck zu machen.

Es kommt nicht auf den Inhalt an

Ein häufiger Fehler im Bewerbungsgespräch besteht in der Annahme, dass sich der Interviewer exakt dafür interessiert, wonach er gerade fragt. Das ist leider nicht richtig.

Die Fragen im Interview dienen häufig dazu, tieferliegende Aspekte zu prüfen. So dient die oft am Anfang gestellte Frage nach dem Lebenslauf nicht dazu, mehr über die einzelnen Stationen im Werdegang zu erfahren. Vielmehr geht es um wichtige, arbeitsrelevante Eigenschaften: Kann der Bewerber Wichtiges von Unwichtigem unterscheiden? Kommt er schnell auf den Punkt? Kann er gut kommunizieren? Strukturiert er seine Antwort?

All das lässt auf grundsätzliche Verhaltensweisen im Alltag schließen, wie Ergebnisorientierung, Einfühlungsvermögen oder strukturiertes Arbeiten.
Auch bei der Frage nach den Stärken und Schwächen geht es nicht um die einzelne Eigenschaft des Kandidaten, sondern um Reflexion, Kritikfähigkeit und kontinuierliches Lernen. Mehr dazu im entsprechenden Abschnitt.

Eine gute Vorbereitung berücksichtigt diese Aspekte. Stelle daher sicher, dass du verstehst, worum es in einem Bewerbungsgespräch geht, und warum die Interviewer bestimmte Fragen stellen. Dann weißt du auch, wie du effektiv darauf antworten musst, um am Ende eine gute Bewertung zu erhalten und ein Angebot für deinen Zieljob zu erhalten.

Der Ansatz der Interview Academy

Wir halten eine systematische Vorbereitung auf ein Vorstellungsgespräch für unerlässlich. Anhand der Vorbereitung und der Beschäftigung mit dem Inhalt und möglichen Fragen kannst du besser nachvollziehen, was dich erwartet und worauf die Interviewer achten. Dadurch kannst du entspannter und weniger nervös ins Gespräch gehen, was zweifellos einen großen Vorteil darstellt. Außerdem wirst du die einzelnen Fragestellungen schnell wiedererkennen und kannst damit schneller in das Thema einsteigen - und souverän antworten, weil du in der Beantwortung der meisten typischen Fragen ja schon erfahren bist.

Auswahlgespräche verstehen

Wir empfehlen daher, im ersten Schritt allgemein zu verstehen was ein Bewerbungsgespräch ist, welche Fragen zu erwarten sind und worauf es ankommt.

Klassische Fragen kennen und vorab beantworten

Zu den gängigen klassischen Fragen bieten wir dir Lösungshinweise an, anhand derer du dich optimal auf das Gespräch vorbereiten kannst. Zu jeder typischen Frage kannst du so selbst testen, wie gut du mit der

Beantwortung zurechtkommst und wie du voraussichtlich abschneiden würdest.

Nachdem du dich mit klassischen Fragen des Interviews beschäftigt hast, empfehlen wir, beides mit Freunden oder Familie durchzuspielen. Ein Freund oder ein Familienmitglied übernimmt dabei die Rolle des Recruiters.

Damit es so realistisch wie möglich abläuft, solltest du auch dem „Sparringspartner" vorab deinen Lebenslauf und ein Anschreiben überlassen. Bitte jemanden das Interview zu führen, der selbst schon mehrfach interviewt wurde. So kannst du aus obendrein aus dessen Fehlern lernen.

Am Tag des Bewerbungsgesprächs

Reise rechtzeitig vor dem Vorstellungsgespräch an, und plane genügend Pufferzeiten ein, falls du in einen Stau gerätst oder der Zug Verspätung hat.

Am Abend vor dem Interview solltest du früh schlafengehen, um am nächsten Morgen topfit zu sein. Versuche, volle acht Stunden zu schlafen, dann ist der Erholungseffekt üblicherweise am größten. Stehe am Morgen des Gesprächs früh auf, frühstücke und fahre mit etwas Zeitpuffer und in Ruhe zum Veranstaltungsort. Das Frühstück ist wichtig, da ein Interview anstrengend ist und du diese Energie brauchst, um fit und in bester Form zu sein.

Am Morgen vor dem Bewerbungsgespräch kannst du noch einmal deine Notizen überfliegen und ggf. Gesprächsstrategien oder Interviewantworten auffrischen. Ca. 15-20 Minuten vor dem offiziellen Gesprächsbeginn solltest du am Veranstaltungsort ankommen und dich anmelden.

Klassische Fragen

Jedes Interview ist anders, und trotzdem gibt es einige Fragen, die immer wieder auftauchen. Auf diese klassischen Fragen solltest du unbedingt und gut vorbereitet sein. Im Vorfeld kannst du dir dann nicht nur eine passende Antwort auf eine solch direkte Frage überlegen, sondern auch planen, welche zusätzlichen Informationen du bei der Beantwortung der Frage noch mit einbringen möchtest.

Viele Fragen sind gut geeignet, , um in den Bereichen strukturiertes Denken, Zielstrebigkeit oder kontinuierliche Verbesserung Pluspunkte einzusammeln. Bei einigen Fragestellungen interessiert sich der Recruiter für eben diese Aspekte viel mehr, als für die eigentliche Antwort. Das Thema dient dann nur als „Aufhänger" für eine tieferliegende, oft nicht sichtbare Beurteilung. Nacholgend findest du konkrete Hinweise zu den gängigsten Fragestellungen.

Werdegang

Ein absoluter Klassiker des Bewerbungsgesprächs ist die Bitte, deinen Lebenslauf nochmal kurz durchzugehen. Entweder fragt der Recruiter direkt danach, oder er stellt dir Fragen, die sich sehr eng an deinem Werdegang orientieren, oft mit einer Kopie deines Lebenslaufs in der Hand.

Maximal 4-6 Minuten

Wenn du gebeten wirst, deinen Lebenslauf kurz durchzugehen, beschränke dich auf maximal 4-6 Minuten,. Der Recruiter wird dich vermutlich an einzelnen Stellen unterbrechen und Detailfragen stellen, oder nach deiner Zusammenfassung auf einzelne Punkte detaillierter eingehen wollen. Gib ihm Gelegenheit, die ihn im Detail interessierenden Schwerpunkte selbst zu wählen.

Die Frage dient auch oft als Einstieg zu detaillierteren Fragen, so dass du nicht zu viel Zeit damit verbringen solltest. Betrachte die Frage als Chance, nur die absoluten Highlights nochmal in Erinnerung zu rufen und somit das Gespräch ein Stück weit in die Richtung dieser Highlights zu lenken. Je länger du redest und je mehr Details du einbaust, desto unruhiger wird der Recruiter (der ja noch viele weitere Fragen stellen möchte), und desto weniger Aufmerksamkeit wird den wirklich wichtigen, zwei oder drei Highlights gewidmet. Es geht dem Recruiter nicht um Vollständigkeit, und auch (noch) nicht um Details, sondern gerade darum, die Highlights von in deinen eigenen Worten zu erfahren.

Worauf achtet der Recruiter?

Ein guter Recruiter achtet bei der Frage nach einer kurzen Zusammenfassung des Werdegangs auf weit mehr als nur den Inhalt. Viel wichtiger sind diese Punkte:

Kannst du priorisieren und Wichtiges von Unwichtigem trennen?
Baust du deine Antwort strukturiert auf und nennst die Ziele, die du verfolgt hast, die Methoden, die du benutzt hast und die Ergebnisse, die du erzielt hast?
Gibt es einen roten Faden oder einen logischen Zusammenhang zwischen den einzelnen Stationen?
Kannst du einen komplexen Zusammenhang knapp und einfach darstellen?

Priorisierung

Auf genau diese Punkte solltest du in deiner Antwort eingehen, denn die Struktur der Darstellung ist mindestens genauso wichtig wie deren Inhalt. Die Priorisierung erreichst du, indem du dich auf 4-6 Minuten beschränkst und nur die wichtigsten Highlights nennst. Besonders gut kannst du dich präsentieren, wenn du gleich im ersten Satz kurz und knapp die Bereiche aufzählst, auf die du dich fokussierst, und das auch begründest: *„Ich gehe kurz auf mein Studium und meinen Auslandsaufenthalt ein, da mich beides besonders geprägt hat, und beschreibe danach kurz meine praktischen Erfahrungen während meiner Praktika."*

Struktur

Eine strukturierte Antwort gibst du, indem du dem Schema *Ziele - Methoden - Ergebnisse* folgst. Überlege dir im Vorfeld des Gesprächs zu jeder der wichtigsten fünf Stationen im Lebenslauf, warum du dich für genau diesen

Weg entschieden hast (*Ziele*, z.B. Grund oder Motivation für Praktika in bestimmten Branchen oder Bereichen). Erläutere dann, welche Schritte du unternommen hast, um das jeweilige Ziel zu erreichen (*Methoden*, z.b. Kontakt zu Personen in Wunschbranche aufgenommen oder gezielt vorbereitende Praktika gemacht, um danach auf Wunschunternehmen interessanter zu wirken). Schließe die Ausführung mit dem *Ergebnis* ab (z.b. 6-monatiges Praktikum in Wunschunternehmen mit großen Weiterentwicklungsmöglichkeiten).
Je Highlight im Lebenslauf solltest du ca. eine Minute aufwenden. Insgesamt sollte deine Antwort nicht länger als fünf Minuten ausfallen.

„Roter Faden"

Einen „roten Faden" kann der Recruiter erkennen, wenn du die wichtigsten Stationen deines Werdegangs miteinander verknüpfen kannst. Versuche, eine übergreifende Story zu erzählen, aus der sich möglichst viele deiner Highlights quasi von selbst erschließen. Zum Beispiel.: *„Ich habe mich schon früh für wirtschaftliche Zusammenhänge interessiert und als Kind Limonade verkauft. Daher war die Studienwahl für mich recht klar. Später habe ich mich dann auf Marketing spezialisiert und mein Interesse für Lebensmittel durch Praktika bei Getränke Heinz und Mustermann Erfrischungsgetränke ausgebaut."*

Das übergreifende Thema muss zu dir und deinem Typ passen und darf natürlich nicht frei erfunden sein. In der Regel gibt es ja einen Grund dafür, warum du bestimmte Dinge gemacht hast. Auch „Ausreißer" sind durchaus erlaubt und willkommen, solange du eine Begründung mitlieferst und offensiv damit umgehst: *„Neben dem*

Marketing hat mich im Studium auch das Controlling interessiert. Daher habe ich in meinem ersten Praktikum den Blick über den Tellerrand gewagt und bei der Schulz Computer AG im Rechnungswesen gearbeitet."

Komplexe Zusammenhänge einfach darstellen

Über die einzelnen Stationen im eigenen Lebenslauf kannst du logischerweise sehr viel und entsprechend lange erzählen. Halte dich jedoch zurück, beschränke dich auf das Wesentliche, und erkläre nur kurz, was du wie gemacht hast. Die formal korrekten Bezeichnungen der Stationen im Lebenslauf-Dokument sagen manchmal nicht viel über die tatsächliche Tätigkeit aus, bzw. sind eher allgemein gehalten. Im Interview punktest du, indem du quasi ungefragt komplexe Zusammenhänge oder ungewöhnliche Bezeichnungen von selbst erklärst. Noch besser ist es natürlich, wenn du im Lebenslauf ohnehin darauf verzichtest. Im Rahmen der Zeugnisse hat man darauf allerdings nur wenig Einfluss.

Beispielsweise kannst du ein Praktikum in einem Maschinenbauunternehmen, in dem du laut Zeugnis und Lebenslauf „Prozessoptimierung zur DIN 9000 konformen Automatisierungssteuerung" betrieben hast, leicht erklären. Ein Ingenieur weiß sofort, worum es geht, während sein Kollege aus der Personalabteilung wahrscheinlich weder die DIN 9000 noch den Begriff Automatisierungssteuerung kennt. Eine knappe Erklärung des komplexen Zusammenhangs wäre z.B.: *„Die Fertigung von Bauteilen wurde von Robotern ausgeführt, die nach einer Neuprogrammierung eine Qualitätsprüfung durchlaufen mussten. Ich habe für einen Qualitätstest einen Leitfaden entwickelt und mich eng mit den Technikern* *abgestimmt. Anschließend haben wir das gesamte Fertigungsteam darin geschult."*

Warum interessieren Sie sich gerade für unser Unternehmen / für diese Stelle?

Hier geht es um Motivation und Selektion. Der Recruiter möchte verstehen, ob du dich gezielt für das Unternehmen entschieden oder dich wahllos bei vielen Firmen beworben hast, um deine Jobchancen zu steigern. Auch lässt die Antwort einen Rückschluss auf deine Motivation zu. Wer sich gezielt für eine besondere Branche, für eine spezielle Funktion oder ein bestimmtes Unternehmen entschieden hat, wird die Arbeit üblicherweise auch motivierter angehen.

Eine Antwort könnte lauten: *„Ich interessiere mich besonders für die Pharmaindustrie, da es hier neben dem Verbrauchermarketing (B2C) auch die wichtige Komponente Ärzte- und Apothekenmarketing (B2B) gibt. Die PharmaPlus GmbH ist im Bereich Apothekenmarketing führend. Die Herausforderung, Apotheker für seine Marke zu gewinnen, finde ich spannend, daher habe ich mich auch sehr über die Einladung zum Gespräch gefreut."*

Warum sollten wir uns gerade für Sie entscheiden?

Der Recruiter checkt hier ebenfalls Motivation und Selektion, diesmal aus einem etwas anderen Blickwinkel. Ergänzend zur vorigen Antwort (Warum unser Unternehmen/diese Stelle?), kannst du bei dieser Frage schon weitergehende Informationen einbinden, die dich als Kandidaten hervorheben. Das können besondere Stärken sein, aber auch deine besondere Eignung für genau diesen Job.

Wichtig ist, dass du in der Antwort aus der Perspektive des Unternehmens argumentierst. Was bedeutet es für einen Vorteil für die Firma, wenn sie genau dich einstellt, und nicht einen Kandidaten mit ähnlicher Qualifikation? Eigene Vorteile wie eine „ideale Basis zur Weiterentwicklung" oder ein „idealer erster Job nach dem Studium" solltest du hier nicht nennen. Deine absolvierten Praktika, spezifische Kenntnisse über die Branche oder besondere Qualifikationen, deine hohe Motivation (begründen!) oder andere, aus Arbeitgebersicht differenzierende Faktoren, sind hingegen durchaus relevant. Du solltest allerdings jedes Argument auch mit einem Beispiel belegen.

Eine Antwort könnte lauten: *„Durch meine Praktika im Vertrieb der Gesundheit AG und der Pillen & Co. KG konnte ich bereits viele Fach- und Sachkenntnisse im professionellen Pharmamarketing sammeln, die ich nun bei der PharmaPlus GmbH vertiefen möchte. Der Pharmamarkt interessiert mich auf der einen Seite aufgrund der Herausforderung enger gesetzlicher Reglementierungen, und auf der anderen Seite wegen der Vielfalt der beteiligten Entscheidungsträger wie Arzt,*

Apotheker und Patient sehr. Ich möchte mein erworbenes Wissen bei der PharmaPlus GmbH gerne anwenden und erweitern."

Warum bewerben Sie sich gerade bei uns und nicht bei einem anderen [Branche]-Unternehmen?

Diese Frage kann sich statt auf die Branche, in abgewandelter Form auch direkt auf einen Wettbewerber beziehen, oder auf ein Unternehmen, bei dem du früher schon einmal gearbeitet hast. Der Recruiter zielt dabei genau wie bei den beiden oben genannten Fragen auch hier auf Motivation und Selektion ab. Hast du dich bewusst für dieses Unternehmen entschieden, oder geht es dir „nur" um die Branche, in der das Unternehmen tätig ist?

Wenn sich die Frage auf einen früheren Arbeitgeber bezieht, erfährt der Recruiter dadurch zusätzlich etwas über die Art und Weise, wie du mit sensiblen Informationen umgehst, und je nach Antwort auch, ob du dich parallel bei direkten Wettbewerbern dieses Arbeitgebers bewirbst. Entweder, du hast dich wirklich bewusst für *dieses* Unternehmen entschieden und kannst das begründen, oder aber, diese Bewerbungen ist nur eine von vielen. Dabei ist es absolut tabu, über vorige Arbeitgeber oder auch Wettbewerber des Unternehmens schlecht zu reden. Falls du es dir nicht verkneifen kannst (oder willst), solltest du hingegen offensiv damit umgehen. Zum Beispiel kannst du dann auf die relative Stärke des Unternehmens gegenüber seinen wichtigsten Wettbewerbern eingehen.

Eine Antwort könnte lauten: *„Natürlich habe ich auch meine früheren Praktikumskontakte im Pharmabereich kontaktiert, und auch hier laufen Gespräche. Die PharmaPlus GmbH interessiert mich aber besonders, weil*

Sie im Bereich Apothekenmarketing einer der Vorreiter der Branche sind und ich meine berufliche Zukunft in genau dieser Sparte ansiedeln möchte."

Was sind Ihre Stärken?

Den Recruiter interessiert sich bei der Frage nach den persönlichen Stärken nicht nur für klare Feststellungen, sondern auch für die Art deiner Selbsteinschätzung und die Fähigkeit zur Selbstreflexion. Hier wird im Zweifel auch eine mögliche Überschätzung der eigenen Fähigkeiten sichtbar. Ebenfalls interessiert den Recruiter, wie du eine Stärke zu deinem Vorteil und zum Vorteil des Unternehmens einsetzen kannst. Eine einfache Nennung von Eigenschaften reicht hier also nicht aus.

Häufig wird die Stärke-Frage von Kandidaten so interpretiert, dass sie meinen, sie müssten auf einem bestimmten Gebiet überdurchschnittlich leistungsfähig sein, also eine „absolute" Stärke vorbringen. Bei der Frage geht es aber eher um „relative" Stärken, also Bereiche oder Eigenschaften, in den man selbst besser dasteht als in anderen Bereichen. Du musst dir also nicht den Kopf zerbrechen, was du erkennbar besser kannst als deine Freunde oder Kollegen, sondern nur diejenigen Dinge nennen, die du selbst besonders gut beherrschst, verglichen mit den Bereichen, in denen du selbst eher durchschnittlich bist.

Im Vorfeld des Gespräches solltest du dir drei Stärken überlegen, von denen du zwei bis drei im Gespräch konkret benennst. Die gewählten Stärken müssen für das Unternehmen eine Relevanz besitzen. Deine Sportlichkeit oder Erfolge als Schach-Landesmeister sind üblicherweise nicht relevant (es sei denn, du bewirbst dich bei einem Anbieter von Brettspielen), Durchsetzungsvermögen, Ausdauer oder analytische Fähigkeiten hingegen schon.

Vermeide die Aufzählung von Eigenschaften, die fast jeder Kandidat mitbringt, die nach Gemeinplätzen klingen oder die sich nicht belegen lassen. Je spezifischer, desto besser. Eine der genannten Eigenschaften sollte zudem eine „echte Stärke" sein, und nicht etwas, womit du im Gespräch einfach nur punkten willst.

Du musst jede Stärke erläutern und durch ein Beispiel belegen. So kannst du „Ausdauer und Zielstrebigkeit" durchaus mit der kürzlichen Teilnahme an einem Marathonlauf belegen (sofern du diesen nicht nach 100 Metern vor Erschöpfung abgebrochen hast). Dabei kannst du dann auch die monatelange, intensive und präzise Vorbereitung auf dieses Ereignis in die Erklärung einbeziehen.

Eine umfassende Antwort schlägt dann noch den Bogen zum Unternehmen, bzw. zur praktischen Relevanz. Das erreichst du, indem du darlegst, wie du die Stärke zu deinem Vorteil nutzt. Damit dokumentierst du Handlungsorientierung, Ressourcennutzung und strategische Fähigkeiten.

Eine Antwort könnte lauten: *„Mit fällt es leicht, mich in Andere hineinzuversetzen. Bei Diskussionen versuche ich beispielsweise, mich in die Situation meines Gegenübers hineinzuversetzen. Dadurch kann ich besser auf seine Argumente eingehen und leichter Lösungen finden, mit denen wir beide zufrieden sind. Auf diese Weise kann ich meine Ansichten meist leicht durchsetzen."*

Was sind Ihre Schwächen?

Wie auch bei der Frage nach deinen Stärken, interessiert sich der Recruiter bei dieser Frage neben den tatsächlichen Schwächen auch für deine Fähigkeiten zu Selbsteinschätzung, Selbstreflexion und Kritikfähigkeit. Bei der Schwäche-Frage geht es insbesondere darum, welche Konsequenzen du daraus ziehst und wie du mit den Schwächen umgehst.

Die von dir genannten Schwächen sollten - wie bei der Frage nach den Stärken - relativ sein, also eine Schwäche relativ zu den meisten deiner anderen Fähigkeiten darstellen, und nicht absolut im Vergleich zu anderen Bewerbern.

Überlege dir im Vorfeld drei Schwächen. Das sollten persönliche Eigenschaften sein, die zwar eine berufliche Relevanz besitzen, aber nicht den Kernbereich der Stelle betreffen. Eine Schwäche, sich Namen zu merken oder Texte langsam zu lesen, sind „gut geeignete" Schwächen, während analytische Kompetenz, Priorisierung oder fehlende Stresstoleranz bei der Nennung von Schwächen tabu sind.

Die meisten Ratgeber geben zur Schwäche-Frage wohlgemeinte, aber falsche Tipps. Häufig empfehlen diese Ratgeber Schwächen zu nennen, die nichts mit dem Job zu tun haben (*„Ich habe eine Schwäche für Schokolade."*) oder etwas als Schwäche auszugeben, was vom Recruiter positiv oder sogar als Stärke ausgelegt werden kann (*„Ich bin oft ungeduldig und will Dinge schnell erledigen."*). Vermeide diese Antworten. Die Recruiter kennen solche Täuschungsmanöver und bewerten sie entsprechend. Außerdem vergibst du dir die

Chance, mit der Beantwortung der Frage zu punkten. Gerade bei der Schwäche-Frage wird viel falsch gemacht, und wenn du diese Frage kompetent und überlegt beantwortest, differenzierst du dich sehr schnell gegenüber den Mitbewerbern.

Eine gute Antwort benennt offen und unverblümt eine im Berufsalltag relevante, konkrete und relative Schwäche mit Bezug zur Stelle, und enthält eine Konsequenz, die du in Kenntnis der Schwäche daraus gezogen hast, sowie das realisierte Ergebnis (*Ziel, Methode, Ergebnis*). Das zeigt, dass du dir deiner Schwächen bewusst bist und diese auch offen ansprechen kannst (Kritikfähigkeit). Außerdem erkennt der Recruiter in einer solchen Antwort, dass du dich an dieser Stelle bessern willst oder eine Methode gefunden hast, im Berufsalltag damit umzugehen. Das wirkt sehr souverän und legt nahe, dass du auch in Zukunft mit Herausforderungen kompetent umgehen kannst.

Eine Antwort könnte lauten: *„Ich habe manchmal Probleme mir Namen zu merken, wenn mir neue Leute vorgestellt werden. Das hat mich geärgert, weil ich meine Gesprächspartner anschließend nicht mit ihrem Namen ansprechen konnte. Jedes Mal, wenn mir jetzt jemand neu vorgestellt wird, wiederhole ich die Namen mehrfach leise im Kopf, und versuche sie in den ersten Minuten mindestens einmal zu verwenden. So kann ich mir inzwischen 90% der neuen Namen merken!"*

Warum wollen Sie wechseln?

Die Frage nach dem Wechselgrund kann in vielen unterschiedlichen Variationen auftauchen. Dabei geht ss dem Recruiter um deine Motivation und deine Erwartungen. Sind es *Pull*- oder *Push*-Gründe, weswegen du dich beim neuen Unternehmen bewirbst? *Pull*-Gründe sind durch die neue Stelle oder den neuen Arbeitgeber bedingt, wie eine attraktivere Position oder eine höhere Vergütung, oder die Suche nach einer neuen Herausforderung. *Push*-Gründe sind dagegen durch den alten Arbeitgeber oder die alte Stelle bedingt.

Daraus ergibt sich, ob deine Motivation in den Vorteilen der neuen Stelle begründet ist, oder darin, dass du von der alten Stelle weg möchtest. Das hat natürlich Auswirkungen darauf, wie motiviert du einen neuen Job angehst. Natürlich sind *Pull*-Gründe den Recruitern lieber, und darauf solltest du dich in deiner Antwort auch fokussieren. Außerdem bist du im Bewerbungsprozess mit einer *Pull*-Begründung grundsätzlich in der besseren Verhandlungsposition.

Diese Frage ist auch mit dem „Fallstrick" verbunden, sich negativ oder kritisch über seine bisherige Stelle zu äußern, sich also zu *Push*-Begründungen hinreißen zu lassen. Deine originäre Antwort kannst du sehr gut vorbereiten, schwieriger wird dann die Reaktion auf Nachfragen der Recruiter, die bei dieser Frage meist aufkommen. Klassisch wäre zum Beispiel die Nachfrage: *„War denn das bei Ihrer bisherigen Stelle nicht so?"* Auch auf eine solche Rückfrage solltest du vorbereitet sein.

Gute Antworten auf die Wechsel-Frage enthalten als klare Motivation für den Wechsel eine Pull-Begründung, vermeiden Kritik an ehemaligen oder aktuellen Arbeitgebern und bilden eine Weiterentwicklung oder Ergänzung zum bestehenden, eigenen Profil.

Eine Antwort könnte lauten: *„Ich sehe in der Stelle bei Ihnen eine tolle Weiterentwicklungsmöglichkeit im Bereich digitaler Medien. Sie sind Vorreiter auf dem Gebiet Online-Marketing, und da kann ich bei Ihnen meine Erfahrungen im klassischen Marketing einbringen und erweitern."*

Wenn der Recruiter nachhakt, kannst du problemlos ergänzen, dass du in deinem jetzigen Job kaum mit Online-Marketing zu tun hast, dich dieser Bereich aber sehr interessiert. Das wäre keine Kritik am gegenwärtigen Arbeitgeber, sondern ein klarer, mit der neuen Stelle verbundener Vorteil.

Haben Sie sich noch bei anderen Unternehmen beworben?

Das ist eine einfache, aber nicht ganz so gängige Interview-Frage. Sie hilft dem Recruiter bei der Einschätzung, wie schnell er sich für dich entscheiden müsste, um ggf. anderen Unternehmen zuvorzukommen.

Antworte ehrlich und offen, lege aber nicht alle Informationen auf den Tisch. So kannst du durchaus sagen, dass du dich auch bei anderen Unternehmen oder sogar bei direkten Konkurrenten beworben hast, und der Bewerbungsprozess dort auch noch nicht abgeschlossen ist. Das kreiert auf der Arbeitgeberseite etwas Konkurrenz und zeigt, dass du nicht ausschließlich auf dieses Unternehmen festgelegt bist sondern noch Optionen besitzt Und es ist wahrscheinliche genau die Antwort, mit der der Recruiter rechnet.

Wenn du eine Präferenz für das Unternehmen hast, in dem du gerade das Interview führst, solltest du das auch deutlichmachen. Damit dokumentierst du eine besondere Motivation für die Stelle. Das gilt natürlich nur, wenn es diese Präferenz auch wirklich gibt. Denn im Zweifelsfall würdest du angesichts dieses Hinweises im Falle eines Angebotes kaum einen Vertrag ablehnen können.

Wenn du bei anderen, aus deiner Sicht sehr attraktiven Unternehmen, bereits weit im Bewerbungsprozess fortgeschritten bist oder sogar ein Angebot bekommen hast, dann solltest du darauf ebenfalls hinweisen. Denn dann müsste der Recruiter ja schnell handeln, um dich noch bekommen zu können. Es gebührt also der Fairness, auf eventuell vorhandenen, zeitlichen Druck hinzuweisen.

Eine Antwort könnte lauten: „*Natürlich habe ich mich parallel noch bei einigen anderen attraktiven Arbeitgebern aus der Konsumgüterbranche beworben, und auch schon das ein oder andere Gespräch geführt. Der Bewerbungsprozess ist da aber noch nicht abgeschlossen.*"

Was ist Ihr bisher größter Erfolg? / Worauf sind Sie besonders stolz?

Der Recruiter zielt mit dieser Frage darauf ab, einerseits ein inhaltliches Highlight aus deinem bisherigen Lebenslauf zu erfahren, andererseits will er aber wissen, ob du eine besondere Stärke erfolgreich zu deinem Vorteil eingesetzt hast. Diese Frage ersetzt in vielen Gesprächen die Frage nach den Stärken, da sich die meisten Kandidaten darauf perfekt vorbereitet haben.

Die Größter-Erfolg-Frage ist deine Chance, ein konkretes Highlight deines bisherigen Berufslebens näher zu erläutern und damit in einigen wichtigen Eigenschaften zu punkten. Auf keinen Fall solltest du hier einen Erfolg aus dem privaten Bereich oder der Ausbildung nennen, sondern ein konkret messbares Ergebnis in einem für den Arbeitgeber relevanten Bereich.

Idealerweise strukturierst du deine Antwort in *Ziel, Methode* und *Ergebnis*. *Ziel* bezieht sich auf die Angabe, welches konkrete Ziel du in der benannten Situation verfolgt hast, oder vor welchem Problem du standst. Danach nennst du die Ansätze, Werkzeuge oder Vorgehensweisen, die du zum Erreichen des Ziels eingesetzt hast (*Methode*). Abschließend erläuterst du das Endergebnis. Sei dabei so präzise wie möglich und nenne möglichst messbare Resultate oder Verbesserungen.

Eine Antwort könnte lauten: *„Besonders stolz bin ich auf den Produktlaunch von einer Bio-Joghurt Produktlinie, die ich in meinem Praktikum im Verkauf von Melckmann Milchprodukte eigenständig umgesetzt habe. Wir wollten innerhalb von drei Monaten eine Distribution von 80% bei unseren wichtigsten Einzelhandels-Kunden erreichen. Ich* *habe dann zusammen mit einer Agentur eine Direkt-Mailing Kampagne konzipiert. Wir haben jede Filiale angeschrieben und über das neue Produkt informiert, außerdem lag ein Antwortbogen mit Bestellschein bei. Ergänzend habe ich intensiv mit unserem Außendienst zusammengearbeitet. In speziellen Workshops haben wir das Außendienst-Team geschult und ein neues Tracking-System aufgesetzt. In einer wöchentlichen Projektgruppe mit Vertretern aus Key Account Management, Außendienst und Produktmanagement, die ich geleitet habe, haben wir den Distributionsaufbau verfolgt und ggf. direkt ergänzende Maßnahmen eingeleitet. Nach drei Monaten haben wir mit 87% Distribution bei unseren wichtigsten Kunden unser Ziel sogar deutlich übertroffen!"*

Was ist Ihr größter Misserfolg?

Die Frage nach dem größten Misserfolg ist für den Recruiter interessant, um zu beurteilen, wie du mit Fehlern umgehst. Dazu gehören der offene Umgang damit (Kritikfähigkeit), und ob du daraus gelernt hast (Analyse und Konsequenzen ziehen).

Du solltest auf jeden Fall ein Beispiel nennen können, in dem etwas schief gelaufen ist, oder in dem du einen Fehler begangen hast. Das Beispiel sollte aus dem beruflichen Bereich stammen und Relevanz für den Arbeitgeber besitzen. Ein selbst verursachter Autounfall ist nicht gerade ein relevanter Misserfolg, während eine völlig fehlgeschlagene Werbekampagne schon besser passt.

Gute Antworten erläutern die Situation knapp und präzise, enthalten eine kurze Analyse der entscheidenden Faktoren und der Fehler, und sie ziehen klare Learnings für die Zukunft. Der wichtigste Faktor besteht dabei darin, dass du die Ursache identifiziert hast und der Fehler in Zukunft vermieden werden kann.

Eine Antwort könnte lauten: *„Mein größter Misserfolg war ein landesweites Promotion-Projekt für den Handel, bei dem ich für die Auswahl eines geeigneten Zugabeartikels verantwortlich war. Ich habe mich nach Feedback des Außendienstes und des Verkaufs für eine Einkaufstasche entschieden und davon 100.000 Stück in China bestellt. Als wir die ersten Taschen bekamen, haben wir sofort gesehen, dass die Taschen für Einkaufstaschen viel zu klein waren. Für eine neue Lieferung war es bereits zu spät. Wir konnten die Aktion zwar durchführen, sie war durch den weniger attraktiven Zugabeartikel aber deutlich weniger effektiv* *als geplant. Die Ursache für die zu kleinen Taschen war, dass wir aufgrund des sehr kurzen Vorlaufs keine Muster bekommen konnten und die Tasche auf der Basis von Fotos ausgesucht haben. Seit dieser Aktion bestelle ich auch bei knappen Vorläufen nichts mehr, ohne vorher selbst ein physisches Muster freizugeben. Seitdem gab es bei Promotion-Artikeln nie wieder ein Problem."*

Was können Sie in den neuen Job einbringen?

Der Recruiter zielt mit dieser Frage darauf ab, ob du eine spezifische Motivation für die Stelle mitbringst und dir dementsprechend auch Gedanken über deinen möglichen Mehrwert für das Unternehmen gemacht hast, oder ob du dich eher aus Karrieregründen oder gar wahllos auf diese Stelle beworben hast. In gewisser Weise ähnelt diese Frage damit der Frage *„Warum bewerben Sie sich gerade auf diese Stelle?"*

In Vorfeld solltest du dir überlegen, welchen Mehrwert du dem potentiellen Arbeitgeber bieten kannst. Das sind häufig genau die Gründe, die du als Highlights bereits im Anschreiben hervorhebst, und warum du auch m Gespräch eingeladen worden bist. Beispielsweise kann das eine erste Branchenerfahrung durch Praktika sein, aber auch eine theoretische Ausbildung im Studium, die du nun in der Praxis anwenden kannst.

Eine Antwort könnte lauten: *„Durch meine Praktika bei PlusPharma und Hexopharm konnte ich bereits erste Erfahrungen in der Pharmaindustrie sammeln. Außerdem habe ich mich im Studium auf den Schwerpunkt Apothekenmarketing fokussiert und dort in einer Projektarbeit das Vertriebssystem eines mittelständischen Gesundheitsdienstleisters analysiert. Sowohl meine theoretischen, wie auch meine praktischen Erfahrungen hoffe ich bei der HappyPills AG anwenden und vertiefen zu können."*

Wo sehen Sie sich in 3, 5, 10 Jahren?

Die Frage nach den Wünschen und Zielen für die Zukunft kann entweder in der obigen Form gesammelt, oder ausgewählt/einzeln erfolgen, also z.B. *„Wo sehen Sie sich in 5 Jahren?"* Alle Formen dienen dem Recruiter dazu, deine Zielstrebigkeit einzuschätzen, aber auch, um Karriereambitionen abzufragen. Das hilft nicht nur bei der mittel- bis langfristigen Planung, sondern kann auch einen Indikator darstellen, wie zufrieden oder unzufrieden du später im Job bist, falls sich deine Wünsche nicht erfüllen.

Du solltest dir für alle drei Zeithorizonte (kurz-, mittel- und langfristig) ambitionierte, aber erreichbare Ziele in Form von konkreten Jobpositionen stecken. In drei Jahren wäre das nicht die jetzt zu besetzende Stelle, sondern ein Karriereschritt weiter. Wenn du dich als Praktikant bewirbst, wäre das eine Einstiegs- oder Trainee-Stelle. Bewirbst du dich als Trainee, zielst du in drei Jahren auf eine Manager-Position. Dabei solltest du natürlich nicht nur den Karrierelevel (Manager) angeben, sondern auch eine konkrete Position nennen, z.B. Produktmanager mit nationaler Markenverantwortung.

Das Fünfjahresziel kann dann entweder eine logische Weiterentwicklung innerhalb der 3-Jahres-Position sein (z.B. Senior Produktmanager mit Teamverantwortung), oder ein weiterer Karriereschritt, z.B. Bereichsleitung, sofern dies in der gewählten Firma innerhalb der Zeiträume ein realistischer Weg sein kann. Du solltest nicht übertrieben ambitioniert sein, aber auch nicht zu bescheiden. Die Grundlage bildet dabei stets die Annahme einer erfolgreichen Karriere im betreffenden Unternehmen. Eine kurze Google- oder XING-Suche hilft da bei der Einschätzung, wie schnell du in dieser Firma welche Positionen erreichen kannst. Zusätzlich punktest du, wenn du auf gleichem Weg auch die korrekten Jobbezeichnungen im Zielunternehmen herausfindest (z.B. Produktmanager vs. Product Manager vs. Brand Manager).

Dein Zehnjahresziel darf schon etwas ambitionierter ausfallen, muss aber immer noch realistisch und innerhalb dieser Zeit erreichbar sein. Im Gegensatz zum 3- oder 5-Jahres-Horizont brauchst du bei zehn Jahren Vorausblick keinen konkreten Posten zu nennen, vielmehr umschreibst du dein Ziel am besten inhaltlich. Eine Berufung in den Vorstand oder in die Geschäftsführung solltest du eher nicht erwähnen (selbst wenn das dein Ziel sein sollte), aber vielleicht die Verantwortung für einen eigenen Geschäftsbereich, die Leitung eines größeren Teams oder aber den Rückblick auf eine Reihe erfolgreicher Stationen (*„In zehn Jahren möchte ich breit aufgestellt sein und sowohl das Marketing, als auch den Vertrieb in verschiedenen Positionen kennengelernt und mitgestaltet haben."*).

Gute Antworten nennen konkrete Pläne für den kurz-, mittel- und langfristigen Zeithorizont, die logisch zueinander passen oder aufeinander aufbauen. Sie sind bei einer erfolgreichen Karriere im Unternehmen realistisch erreichbar, aber auch ambitioniert, ohne übertrieben auszufallen. Sie benennen die tatsächlichen Wünsche des Kandidaten und legen die Ansprüche und (realistischen) Erwartungen offen.

Eine Antwort könnte lauten: *„In drei Jahren möchte ich nach meinem erfolgreich abgeschlossenen Trainee-Programm als Product Manager selbstständig das*

Marketing einer Marke betreuen. In fünf Jahren wäre es toll, die Marketingaktivitäten über zwei oder drei verschiedene Kategorie hinweg zu koordinieren und erste Personalverantwortung zu tragen, sowie an strategischen Themen mitzuarbeiten. In zehn Jahren möchte ich als Bereichsleiter mit Marketing- und Vertriebserfahrung den Erfolg des Unternehmens maßgeblich mitgestalten dürfen."

Was machen Sie in Ihrer Freizeit?

Während die Frage nach den Hobbys oft auch zur Auflockerung oder als Füllfrage eingesetzt wird, kann der Recruiter aus der Antwort durchaus auch einige Aspekte der Persönlichkeit des Bewerbers ableiten. So sieht er, ob du viele Freizeitaktivitäten unter der Woche / abends hast, was sich wiederum auf Flexibilität und Arbeitszeiten auswirken kann, aber auch, ob du ein ausgeglichener Mensch bist, Sport treibst und dich fit hältst, dich sozial engagierst oder auch kreativen oder musischen Ausgleich suchst. All diese Aspekte sind interpretationsfähig und daher für den Recruiter interessant.

Nenne einige deiner wirklichen Interessen und Hobbys. Idealerweise ergibt sich daraus ein ausgeglichenes Bild, zum Beispiel mit einer Sportart, die du regelmäßig ausübst, einem kreativen Hobby, wie etwa das Spielen eines Musikinstruments, und einer geselligen Freizeitbeschäftigung wie „Kochen mit Freunden" oder einem sozialen Engagement. Ergänzend kannst du durchaus auch eine ausgleichende oder eher ruhige Freizeitbeschäftigung benennen, wie etwa Lesen.

Wichtig ist, dass deine Interessen nicht einseitig erscheinen, da dies unterbewusst beim Recruiter ein unausgeglichenes Bild deiner Person erzeugen kann. Wenn du vielfältig interessiert und engagiert bist, , dann dokumentiere das auch durch die Art der Freizeitbeschäftigungen. Nenne nur tatsächlich vorhandene Interessensgebiete. Frei erfundene Hobbys mögen im Lebenslauf vielleicht noch gut aussehen, sind dann im Gespräch aber schwer zu erläutern, und - wichtiger noch - zeichnen ein falsches Bild von dir. Du musst in deiner Freizeit kein Triathlet sein oder dich intensiv auf den „Iron Man" vorbereiten. Du solltest das Leben außerhalb der Firma aber schon aktiv und möglichst sinnvoll gestalten. Fernsehen oder Videospiele sind als bevorzugte Freizeitaktivitäten im Bewerbungsgespräch mithin tabu. Erläutere alle Interessen am besten anhand von Beispielen oder Anekdoten.

Eine Antwort könnte lauten: *„In meiner Freizeit laufe ich sehr gerne. Ich habe letztes Jahr mehrere 10km-Läufe mitgemacht und möchte in diesem Jahr meinen ersten Halbmarathon laufen. Seit einigen Jahren spiele ich auch Klavier. Dabei kann ich richtig gut entspannen. Freitags treffe ich mich oft mit Freunden zum Kochen, und wir probieren zusammen neue Rezepte aus. So läuten wir das Wochenende immer mit einem tollen Essen ein."*

Wie stressresistent sind Sie?

Diese Frage ist für den Recruiter sehr interessant, gleichzeitig aber auch gefährlich. Zum einen erfährt er so, wie deine Einstellung zum Thema Arbeit insgesamt aussieht, und insbesondere zu hoher Arbeitsbelastung und Überstunden aussieht, was beides mittlerweile in vielen Betrieben weit verbreitet ist. Zum anderen spricht er damit aber auch einen eventuell negativen Aspekt des Jobs an. Denn wenn der Recruiter diese Frage stellt, ist es wahrscheinlich, dass der neue Job mit einer überdurchschnittlichen Arbeitsbelastung einhergeht. Hier ist es dann auch durchaus angebracht, nach Beantwortung der Frage nahzuhaken, ob und ggf. in welchem Maße das der Fall ist.

Du solltest hier mit offenen Karten spielen. Der Recruiter sucht natürlich Personen mit einer hohen Stresstoleranz, und jede andere Antwort bildet für jeden Recruiter einen klaren Minuspunkt. Hier eine „strategische" Antwort zu geben, die nicht zu dir passt, wird sich im Falle einer Einstellung später immer rächen. Es ist durchaus in Ordnung, wenn du an dieser Stelle Einschränkungen machst: *„Ich bin sehr stressresistent. Wenn mehrere Überstunden täglich aber eher die Regel als die Ausnahme sind, wäre ich damit auf Dauer nicht glücklich."* Im Gegensatz dazu stellt auch die uneingeschränkte Akzeptanz von hoher Arbeitsbelastung nicht unbedingt einen Pluspunkt dar.

Für den Recruiter bildet es eine Grundvoraussetzung, dass du eine vernünftige Einstellung zur Arbeitsbelastung hast und flexibel reagieren kannst. Das bedeutet, dass du temporäre Phasen von Stress oder Überstunden nicht ablehnst und auch bereit und in der Lage bist, diese zu leisten, aber auch, dass du deine eigenen Grenzen kennst und darauf achtest, trotz ggf. hoher Arbeitsbelastung gesund zu bleiben. Hier kommt es für dich sehr auf die Wortwahl an, um genau diese Balance möglichst präzise auszudrücken. Beispiele helfen dabei, die eigene Haltung dazu besser einschätzen zu können, und deine Aussage mit deinem in der Vergangenheit in solchen Situationen praktizierten Verhalten zu untermauern.

Eine Antwort könnte lauten: *„Ich kann mit hohen Arbeitsbelastungen sehr gut umgehen, und lasse mich auch unter hoher Belastung nicht aus der Ruhe bringen. Aus meinen Praktika kenne ich es, dass es in manchen Projektphasen sehr eng werden kann, alles dem vorgegebenen Timing nach fertigzustellen. In solchen Situationen krempte ich gerne die Ärmel hoch und packe mit an. Das darf natürlich nicht zum Dauerzustand werden. Bei der Einführung eines neuen Produktes bei TimeBound haben wir in den Wochen vor dem Launch alle bis 21:00 Uhr im Büro gesessen, um das Projekt rechtzeitig fertig zu bekommen. Dafür haben wir dann nach der Produkteinführung aber auch den Erfolg gefeiert und die Stunden entsprechend reduziert. Eine flexible Anpassung der Arbeitszeiten je nach Arbeitsbelastung ist heute ja ziemlich normal."*

Welche Gehaltsvorstellungen haben Sie?

Im Bewerbungsgespräch kann es vorkommen, dass du nach deiner Gehaltsvorstellung für die neue Position gefragt wirst. Manchmal ist diese Frage bereits ein Teil der Stellenbeschreibung, und eine Angabe zur Gehaltsvorstellung wird damit bereits im Anschreiben erwartet. Wenn nicht schon früher, so wird das Gehalt doch spätestens in einem zweiten Bewerbungsgespräch zum Thema werden, und du solltest eine konkrete Antwort geben können.

Mit der Frage nach den Gehaltsvorstellungen möchte der Interviewer erfahren, ob du realistische Vorstellungen hast und wie günstig - oder teuer - es für die Firma wäre, dich einzustellen. Denn bevor mehrere aufwändige Gespräche geführt werden, die dann vielleicht aufgrund überzogener Gehaltsvorstellungen vergeblich waren, sollte dieser wichtige Faktor rechtzeitig geklärt werden. Es handelt sich dabei um einen Abgleich zwischen der Zahlungsbereitschaft des Unternehmens und den Erwartungen des Bewerbers.

Das Thema nicht selbst ansprechen

Grundsätzlich solltest du das Thema Gehalt nur dann ansprechen oder im Anschreiben erwähnen, wenn konkret danach gefragt wird. In der Stellenanzeige würde dann z.B. stehen: „Bitte richten Sie Ihre Bewerbung mit Angabe Ihrer Gehaltsvorstellung an Frau XY..." Wenn das kein Bestandteil der Stellenausschreibung ist, solltest du auch dazu im Anschreiben auch keine Angaben machen. Wieso nicht? Wenn du ein Gehalt angibst und eine Absage bekommst, weißt du nicht, ob es an deinem Profil und deiner Erfahrung lag, oder an deinen

Gehaltsvorstellungen. Wenn du im Anschreiben keinen Gehaltswunsch nennst, bewertet die Firma nur dein Profil. So kannst du zunächst einen sehr guten Eindruck hinterlassen, und die Frage des Gehalts dann später im Gespräch klären.

Gleiches gilt für das Bewerbungsgespräch. Nur wenn der Interviewer dich nach deinem Wunschgehalt fragt, solltest du das Thema Gehalt ansprechen. Diese Frage am Ende des Interviews selbst aufzuwerfen, ist nicht ratsam. In den eigenen Fragen geht es darum, inhaltliche Punkte abzuhaken (siehe Text zu „Eigene Fragen"), nicht darum, Gehaltsfragen zu klären. Auch wenn das Thema für dich wichtig und interessant ist, warte damit, bis du den Bewerbungsprozess erfolgreich überstanden hast und dir ein konkretes Jobangebot vorliegt. Erst dann ist der Zeitpunkt passend, das Thema Geld detailliert zu diskutieren.

Bruttojahresgehalt

Die Angaben zur Entlohnung erfolgen in der Regel auf Basis eines Bruttojahresgehalts. Wenn du normalerweise mit Monatsgehältern rechnest, wandle den Betrag im Vorfeld um, indem du dein Bruttomonatsgehalt mit 12 multiplizierst und Urlaubs-, Weihnachtsgeld und sonstige Sonderzahlungen aufschlägst.

Bei einem Wechsel von einem Arbeitgeber zu einem anderen, ist ein Aufschlag von 10-20% durchaus üblich und gerechtfertigt. Schließlich möchtest du dich mit dem Wechsel auch finanziell weiterentwickeln, und auch ein gewisses Risiko auf dich, da du das neue Unternehmen ja noch nicht kennst.

Informiere dich vor dem Bewerbungsgespräch darüber, wie in der betreffenden Branche üblicherweise die Gehälter ausfallen. Das ist über eine einfache Internetsuche schnell rauszufinden. Die Karriere-Seiten der großen Unternehmen enthalten oft Referenzwerte für Berufseinsteiger, Trainees etc., an denen du dich orientieren kannst.

Das durchschnittliche Brutto-Einstiegsgehalt von Hochschulabsolventen liegt bei 3401,- Euro im Monat (Quelle: Lohnspiegel.de), also 40.812,- Euro im Jahr. Der Bruttolohn schwankt aber stark in Abhängigkeit von verschiedenen Faktoren, wie Branche, Größe des Unternehmens oder Standort.

Gehaltsspanne angeben

Gib auf die Frage nach den Gehaltsvorstellungen eine Bandbreite an. Das ermöglicht dir, nach der Reaktion des Arbeitgebers oder bei unterschiedlichen Vorstellungen zwischen dir und dem Unternehmen noch Anpassungen vorzunehmen und dich nicht gleich auf eine Zahl festzulegen. Für eventuelle Verhandlungen besitzt du dann eine bessere Ausgangsposition. Und das Unternehmen kann trotzdem einschätzen, ob deine Gehaltsvorstellung zu den jeweiligen Rahmenbedingungen passt. Die Spanne sollte ca. 4.000 bis 6.000 Euro betragen.

So kannst du deinen Gehaltswunsch beispielsweise artikulieren: „Meine Gehaltsvorstellungen liegen bei 39.000 bis 44.000 Euro im Jahr."

Besondere Qualifikationen nennen

Wenn du besondere Qualifikationen besitzt, die auf dem Arbeitsmarkt begehrt sind, kannst du diese kurz und knapp als Begründung einer (ggf. leicht erhöhten) Gehaltsforderung heranziehen. Das können über das normale Maß hinausgehende Ausbildungen, Zertifizierungen oder Erfahrungen sein. Eine angemessene Formulierung wäre dann: „Ich stelle mir aufgrund meiner langjährigen Erfahrung in der Automobilindustrie ein Gehalt von 69.000 bis 75.000 Euro vor."

Flexible Bestandteile

Überlege dir vor dem Gespräch auch, ob du bereit bist, Bestandteile eines Gehalts als flexible Vergütung zu erhalten. Flexibel heißt, dass die Zahlung abhängig vom Erreichen gemeinsam vereinbarter Ziele ist. Oft zahlen Firmen einen Bonus, wenn das Jahres-Geschäftsziel erreicht wird. Dieser Bestandteil ist nicht garantiert, ermöglicht es aber, bei guten Ergebnissen ein deutlich höheres Gehalt zu erhalten. Statt 50.000 Euro Fixgehalt zu verlangen, kann es besser sein, 45.000 Euro fix und eine 10-20%ige, flexible Bonuszahlung zu vereinbaren.

Einstiegsgehalt und Weiterentwicklung

Eine weitere interessante Möglichkeit für die Gehaltsverhandlungen besteht darin, Vereinbarungen für die Zukunft zu treffen. Jede Firma geht genau wie jeder Bewerber ein Risiko ein, einen neuen Mitarbeiter anzustellen, bzw. eine neue Stelle anzutreten. Im Bewerbungsprozess kann niemals zu 100% sichergestellt werden, dass sich ein Bewerber oder ein Unternehmen im Alltag auch so verhält, wie er oder sie sich im Bewerbungsgespräch darstellt. Daher ist es für ein

Unternehmen auch schwierig, deinen wahren Wert zu kennen und dich dementsprechend zu bezahlen.

Daher kann es sinnvoll sein, sich auf ein faires, aber moderates Einstiegsgehalt zu einigen, aber gleichzeitig auch eine Überprüfung und ggf. Anpassung dieses Gehalts nach 6 Monaten oder einem Jahr zu vereinbaren. Das stellt natürlich keinen rechtlich bindenden Anspruch dar und ist mit Vorsicht zu genießen, aber es bildet eine gute Möglichkeit, um bereits nach kurzer Zeit im Unternehmen das Thema Gehaltserhöhung ansprechen zu können.

Verhaltensfragen

So genannte Verhaltensfragen werden im Bewerbungsgespräch immer beliebter. Darunter fallen alle Fragen, in denen es um dein Verhalten in bestimmten Situationen geht. Daraus kann der Recruiter sehr gut auf deine Arbeitsweise schließen, und auch andere Faktoren wie Stressresistenz oder analytische Fähigkeit einschätzen. Von besonderem Interesse ist bei den Verhaltensfragen auch die Art, wie du antwortest. Bei professionell geführten und ausgewerteten Interviews ist dieser Faktor sogar wichtiger, als der Inhalt einer Antwort.

Eine Verhaltensfrage besteht aus einer abstrakten Situation, und deiner individuellen Aktion oder Reaktion. Meist geht es um ein konkretes Beispiel deines bisherigen Werdegangs. Hier gilt es, die Situation der Frage auf deine Erfahrung zu übertragen und darzulegen, wie du im Beispiel und damit der abgefragten Situation vorgegangen bist.

Für die Beantwortung einer situativen Frage folgst du der Struktur *Ziele, Methoden* und *Ergebnisse* am Beispiel aus deinem Leben. Zunächst beschreibst du kurz und knapp (zwei bis drei Sätze) die Situation und gehst darauf ein, welche Intention oder Motivation damit verbunden war, also welches Ziel du verfolgt hast, und ggf. welche Probleme dabei auftraten.

Danach beschreibst du den Lösungsweg, für den du dich entschieden hast (*Methode*). Das können z.B. klärende Gespräche, eine Eskalation auf eine höhere Ebene, eine pragmatische Lösung des Problems, die Koordination verschiedener Interessensgruppen o.ä. sein. Schließlich benennst du das über deinen Lösungsweg erreichte Ergebnis.

Der Aufbau deiner Antwort im Schema *Ziele, Methoden* und *Ergebnisse* ist effektiv, weil du auf diesem Wege neben der spezifischen Vorgehensweise, von der du berichtest, auch eine ergebnisorientierte Arbeitsweise (*Ziele & Ergebnisse*) und strukturiertes Arbeiten unter Beweis stellst. Außerdem hilft dir die Struktur, auch unbekannte Verhaltensfragen schnell, kompetent und logisch aufgebaut zu beantworten.

Verhaltensfragen werden meist sehr offen gestellt. In der einfachsten (aber anspruchsvollsten) Form lauten Sie z.B.: *„Erzählen Sie mir von einer Situation, in der Sie…"*. Aus der Frage selbst kannst du nicht erkennen, welche Informationen den Recruiter tatsächlich interessieren. Er fragt nicht konkret: *„Was war die Schwierigkeit?"* oder *„Was haben Sie gemacht?"* Bei dieser offenen Frageform erwartet der Recruiter, dass du dir selbst eine Struktur (z.B. *Ziele, Methoden, Ergebnisse*) gibst, anhand derer du deine Antwort ausrichtest. Eine gute Antwort ist stets auch ohne Hilfestellung strukturiert, hat einen Bezug zur Arbeit und bezieht sich auf ein Beispiel, mit dem du einen professionellen Lösungsansatz gewählt hast.

Während die sehr offene Frageform einen perfekten Einstieg darstellt, weil der Recruiter sieht, ob du auch ohne Hinweis strukturiert antworten kannst, sind nachfolgende Fragen meist etwas konkreter: *„Erzählen Sie mir von einer Situation, in der Sie… Welches Ziel haben Sie verfolgt und wie sind Sie vorgegangen?"* Die Beantwortung erfolgt genau wie bei der offenen Variante, allerdings ist die Struktur hierbei schon vorgegeben und dient damit auch dazu, einen nicht besonders strukturiert antwortenden Kandidaten über die Fragestellung zu einer ergebnisorientierteren Darstellung zu bewegen. Wir starten gerne mit offenen Fragen, und fügen die konkreteren später an.

Beispiele für sehr offene Verhaltensfragen sind:

„Erzählen Sie mir von einem komplexen Projekt, das Sie betreut haben."
„Nennen Sie mir eine Situation, in der Sie einen Kollegen von etwas überzeugen mussten."

„Berichten Sie mir von einem Misserfolg, den Sie in einen Erfolg verwandeln konnten."

Beispiele für konkretere Verhaltensfragen sind:

„Erzählen Sie mir von einer Situation, in der Sie an einen Punkt gekommen sind, an dem Sie nicht mehr weiterwussten. Wie sind Sie vorgegangen und was waren die Ergebnisse?"

„Berichten Sie mir von einer Situation, in der Sie ein großes Projekt innerhalb einer sehr kurzen Deadline fertigstellen mussten. Was waren die Herausforderungen und wie sind Sie vorgegangen?"

Eine Antwort könnte lauten (*„Erzählen Sie mir von einem komplexen Projekt, das Sie betreut haben."*): *„Während meines Praktikums bei der HighTech AG habe ich an einem Automatisierungsprozess für Hebebühnen gearbeitet. Ziel war es, eine neue Produktgeneration von Hebebühnen mit einer einfacheren Bedienungsoberfläche auszustatten. Ich musste dabei die unterschiedlichen Abteilungen Maschinenbau, Design und Automatisierung unter einen*

Hut bringen. Ich habe zunächst Einzelgespräche mit allen beteiligten Bereichen geführt, wie z.B. den Mechatronikern, Ingenieuren und Programmierern. Das hat mir geholfen, die einzelnen Sichtweisen und Prozesse zu verstehen. Daraufhin habe ich bestehende, aber auch potentielle Konfliktfelder herausgearbeitet und in einem gemeinsamen Meeting aller Abteilungen aufgezeigt. 80% konnten wir direkt gemeinsam lösen, und für 20% der Punkte haben wir interdisziplinäre Projektteams gebildet und Actions und Deadlines definiert. Nach gut 6 Wochen waren alle Konflikte beseitigt und die neue Steuerungstechnik der Hebebühnen installiert. Das Feedback der Kunden wenige Wochen später war ausgezeichnet, da der Bedienungsprozess deutlich vereinfacht wurde."

Eigene Fragen im Bewerbungsgespräch

In jedem Bewerbungsgespräch wird man dir auch die Möglichkeit geben, eigene Fragen zu stellen. Das ist kein Angebot, sondern eine Frage! Überlege dir schon im Vorfeld sinnvolle Fragen. Natürlich sollten die Themen, die dich besonders interessieren, dabei ganz oben stehen. Wenn du aber selbst eigentlich keine Fragen mehr hast, nutze die Chance, um dich über die Fragen beim Recruiter zu profilieren oder Schwerpunkte zu setzen.

Der Interviewer nutzt die eigenen Fragen der Bewerber umzu beurteilen, wie detailliert sich ein Bewerber mit dem Unternehmen auseinandergesetzt hat und wie motiviert er ist, für welche Themen er sich besonders interessiert und mit welchen Themen er die Stelle für den Kandidaten ggf. interessanter gestalten kann.

Als Themenbereiche bieten sich die Entwicklungsmöglichkeiten und Karrierepfade im Unternehmen an, aber auch die Möglichkeit, ins Ausland zu gehen, die Schnittstellen zu anderen Abteilungen oder die Berichtslinie (also welche Funktion der direkte Vorgesetzte besitzt).

Die Fragen sollten nicht offensichtlich über die Medien oder die Firmenwebsite selbst beantwortbar sein (wie Umsatz, Mitarbeiteranzahl oder Einstellung zu Nachhaltigkeit). Auch sollte die Frage vom gegenübersitzenden Recruiter realistisch beantwortbar sein und nicht arrogant klingen (wie Jobgarantien in fünf Jahren, die Rückfrage, warum gerade dieses Unternehmen, etc.)

Über eigene Fragen kannst du zusätzliche, detailliertere oder auch subjektiv ergänzte Informationen zu deinen Interessensfeldern bekommen und dich gleichzeitig durch "smarte" Fragen beim Recruiter als motivierter und interessierter Kandidat positionieren.

Beispiele für gute eigene Fragen sind:

„Welche Weiterentwicklungsmöglichkeiten oder Fortbildungen gibt es bei Ihnen?"

„Was ist aus Ihrer Sicht die größte Herausforderung der zu besetzenden Stelle?"

„Was sind die wichtigsten Schnittstellen dieser Funktion?"

„An wen würde ich in dieser Stelle berichten?"

„Ist bei Ihnen im weiteren Karriereverlauf auch ein Job im Ausland denkbar?"

„Wie muss ich mir einen typischen Tag bei Ihnen im Unternehmen vorstellen?"

„Können Sie ein paar konkrete Beispiele nennen, an welcher Art von Projekt ich arbeiten würde?"

Unzulässige Fragen im Bewerbungsgespräch

Es gibt einige Fragen, die im Vorstellungsgespräch vorkommen können, aber nach dem Allgemeinen Gleichbehandlungsgesetz (AGG) unzulässig sind, da sie ganz bestimmte persönliche Bereiche betreffen. Es ist wichtig, dass du diese Bereiche kennst, um ggf. entsprechend reagieren zu können.

Das Allgemeine Gleichbehandlungsgesetz hat das Ziel, *„Benachteiligungen aus Gründen der Rasse oder wegen der ethnischen Herkunft, des Geschlechts, der Religion oder Weltanschauung, einer Behinderung, des Alters oder der sexuellen Identität zu verhindern oder zu beseitigen."* (Paragraph 1, AGG).

Bei unzulässigen Fragen ist es gestattet, die Unwahrheit zu sagen. Das könnte bei zulässigen Fragen allerdings unangenehme Folgen nach sich ziehen, sofern es später bekannt wird. Auch aus diesem Grund ist es wichtig, die zulässigen von den unzulässigen Fragen unterscheiden zu können.

Sicherlich ist es eleganter ein wenig zu flunkern, als die Beantwortung der Frage brüsk abzulehnen. Außerdem tut eine direkte Ablehnung der Gesprächsatmosphäre nicht gut. Es könnte sein, dass das Gespräch dann bald beendet ist.

Fragt dein Gesprächspartner also nach deiner Mitgliedschaft in der Gewerkschaft, einer politischen Partei oder auch nur ganz allgemein nach der Zugehörigkeit zu einem Verein, so ist das im Sinne des Allgemeinen Gleichbehandlungsgesetzes eine unzulässige Frage.

Bewirbst du dich allerdings bei einer politischen Partei oder einer Gewerkschaft um einen Job, so ist diese Frage durchaus erlaubt. Dasselbe gilt auch für die Frage nach Religionszugehörigkeit. Diese ist allerdings ebenfalls zulässig, wenn du dich bei einer konfessionell gebundenen Organisation bewirbst, wie zum Beispiel bei einem katholischen Kindergarten.Die Frage nach der Mitgliedschaft bei der ScientologySekte ist übrigens generell immer erlaubt, da die Scientologen nicht als Religionsgemeinschaft anerkannt sind.

Die Frage nach Vorstrafen ist nur dann zulässig, wenn diese in direktem Zusammenhang mit der neuen Stelle steht. Das heißt im Klartext: Als Kassierer sollte man keine Vorstrafe wegen Diebstahls oder Veruntreuung haben, als Erzieher keine Übergriffe auf Kinder verschuldet haben. Hier sind die entsprechenden Fragen zulässig. Ebenso darf auch nicht generell ein polizeiliches Führungszeugnis verlangt werden, es sei denn, man bewirbt sich im öffentlichen Dienst oder beim Sicherheitsdienst.

Die Frage nach dem bisherigen Gehalt ist nur dann zulässig, wenn sie für das neue Arbeitsverhältnis von Bedeutung ist. Die Frage nach deinen Gehaltsvorstellungen dagegen ist selbstverständlich zulässig. Fragen nach Schulden und Vermögensverhältnissen sind nur bei Bewerbern auf eine besondere Vertrauensstellung erlaubt. Besitzt der Arbeitgeber handfeste Hinweise, dass eine umfangreiche Gehaltspfändung vorliegt, so darf er dieses Thema ansprechen, da ein solcher Umstand Mehrkosten in der Gehaltsbuchhaltung verursachen würde.

Bei jungen Frauen wird gerne die Frage nach der Familienplanung gestellt, meist wird verklausuliert nach 'Zukunftsplänen' oder einem 'Heiratswunsch' gefragt, und hier darf selbstverständlich geschummelt werden. Das gilt auch für Fragen nach der sexuellen Identität.

Wird nach Erkrankungen oder einer Behinderung gefragt, so ist dies zulässig, wenn davon die Arbeitsfähigkeit in dem konkreten Tätigkeitsfeld betroffen wäre, wie zum Beispiel Epilepsie bei einer Tätigkeit als Berufskraftfahrer. Das betrifft auch Erkrankungen, die ernsthafte Auswirkungen auf Dritte haben können (Tätigkeiten in der Gastronomie oder Gesundheitsbranche). Fragen nach einer Schwerbehinderung sind bisher noch zulässig, müssen also wahrheitsgemäß beantwortet werden. Falls dich dein Gesprächspartner nach den Gründen für den letzten Stellenwechsel fragt, so ist dies erlaubt, betrifft jedoch nicht generell sämtliche früheren Jobwechsel.

Grundsätzlich solltest du dich durch unerlaubte Fragen nicht in Verlegenheit bringen lassen, sondern souverän und locker reagieren. Hier gilt es, lieber vorher gute Antworten zu überlegen, und im Gespräch damit zu punkten.

Telefoninterviews

Aus Unternehmenssicht bildet das Telefoninterview, oder telefonisches Bewerbungsgespräch, einen kostengünstigen Filter vor der Einladung zum Bewerbungsgespräch oder dem Assessment Center. Um es klar und deutlich zu sagen: Das Telefoninterview ist eine Auswahlstufe, in der nach dem ersten Schritt der Bewerbung nochmal Bewerber ausgesiebt werden. Und die nette Stimme am anderen Ende ist möglicherweise ein geschulter Mitarbeiter einer externen Personalberatung, die das Auswahlverfahren für das Unternehmen durchführt.

Meist wird das Telefoninterview nicht ohne Vorwarnung durchgeführt, sondern es wird ein Termin abgesprochen. Dann kannst du davon ausgehen, dass es ein professionell durchgeführtes Interview sein wird, welches du ernstnehmen und vorbereiten solltest. Bereite dich auch darauf vor, am vereinbarten Termin rechtzeitig an einem ruhigen und ungestörten Platz auf den Anruf zu warten.

Stelle sicher, dass dein Telefon-Akku frisch aufgeladen ist und du ungestört bist. Hänge ggf. ein „Bitte nicht stören"-Schild an die Tür, stelle die Türklingel und weitere Telefone auf stumm, oder besser aus, und vermeide, dass Kinder oder Hunde vor Ort sind. Du solltest deine Unterlagen, insbesondere deinen Lebenslauf, wohlgeordnet auf dem Tisch parat haben, sowie Papier und Kugelschreiber für Notizen. Auch ein Glas Wasser sollte nicht fehlen, denn man bekommt beim Reden leicht einen trockenen Mund.

Eine Besonderheit im Telefoninterview besteht darin, dass du dir Spickzettel mit Stichpunkten zu den typischen

Bewerbungsfragen machen kannst, die ebenfalls fertig vor dir auf dem Tisch liegen. du solltest sie auf gar keinen Fall "vorlesen" oder anfangen zu blättern, aber so kannst du im Zweifelsfall mit einem Blick nach links oder rechts einen Anhaltspunkt bekommen, wie oder was du bei einer bestimmten Frage antworten wolltest. Das kann helfen, die Nervosität zu reduzieren.

Wenn du nervös sein solltest, greifst du selbstverständlich nicht zum Kaugummi oder Bonbon, das würde der Gesprächspartner auch am Telefon mitbekommen. Wenn man das Telefon auf Lautsprecher schaltet und dabei aufgeregt im Raum auf und ab geht, bekommt das der Anrufer ebenfalls akustisch mit.

Mache lieber im Vorwege ein paar Stimmübungen und trinke einen Schluck Wasser, das lenkt dich ab und macht die Stimme geschmeidig. Denn die wichtigste Herausforderung des Telefoninterviews besteht in der Reduktion auf das Ausdrucksmittel Stimme. Du kannst hier weder mit einem charmanten Lächeln, noch durch Körpersprache oder selbstbewusstes Auftreten punkten. Allerdings hört man eine gute Körperhaltung und ein Lächeln quasi immer durch den veränderten Resonanzraum mit. Sitze deshalb aufrecht und gerade, oder noch besser: telefoniere aufrecht stehend. Ein absolutes Tabu ist es, dich irgendwo hinzulümmeln, wie man es vielleicht bei einem privaten Gespräch macht.

Grundsätzlich gilt am Telefon: Sprich langsam und mache Pausen. Lass den Gesprächspartner immer ausreden. Sei sehr höflich. Lass dich nicht zu längeren Monologen hinreißen: Eine Sprechzeit von fünf Minuten ist mindestens dreieinhalb Minuten zu lang! Natürlich sind auch einsilbige Antworten und die Aneinanderreihung von Worthülsen nicht gerade zielführend. Und vor allem: Sprich lieber über das, was du gemacht hast und wie und warum du es gemacht hast, als darüber, wie du bist. Führe dabei genau wie im klassischen Bewerbungsgespräch viele Beispiele an, und lege deine Motivation dar.

Wie bei einem persönlichen Vorstellungsgespräch, stellst du auch für das Telefoninterview die Argumentationslinie schon vorher zusammen. Du solltest wissen, warum die Firma ausgerechnet dich einstellen sollte, und auch auf die anderen klassischen Fragen vorbereitet sein. Anders als im persönlichen Gespräch, liegt dein Lebenslauf vor dir, und du kannst ihn als Gedankenstütze nutzen.

Manchmal werden im Telefoninterview auch Angaben zu Fremdsprachen überprüft, dann könnte es sein, dass jemand mitten im Telefonat zur englischen oder spanischen Sprache wechselt. Sofern du in deinen schriftlichen Bewerbungsunterlagen "verhandlungssichere" Sprachkenntnisse angegeben hast, so musst du hier auch souverän reagieren können. Lasse dich darauf ein, und antworte in der jeweiligen Sprache. Dabei kommt es mehr darauf an, dass du in der gleichen Sprache antwortest, als dass Aussprache und Grammatik sogleich perfekt ausfallen müssen.

Notiere dir auch ein paar eigene Fragen: Gibt es noch Fragen zu den Aufgaben oder zu Formalitäten, die du gern beantwortet hättest? Fragen zu Sozialleistungen oder zum Gehalt gehören hingegen nicht ins Telefoninterview. Unter "Eigene Fragen im Bewerbungsgespräch" findest du hierzu weitere Informationen.

Manchmal wird auch nur angerufen, um noch etwaige Unklarheiten der schriftlichen Bewerbung zu klären oder Angaben zu überprüfen. Dann kann es sein, dass dies spontan und ohne Vorankündigung erfolgt. Bevor man dich auf dem falschen Fuß erwischt: Mache lieber eine schnelle Ansage, dass es momentan unpassend sei, und vereinbare einen Rückruftermin. Erfrage auf jeden Fall den Namen des Anrufers und ein Zeitfenster für den Rückruf.

Auch beim Telefoninterview kann man den Ablauf gut vorab üben. Die Fragen und der Ablauf ähneln stark dem klassischen Interview. Ein Hauptunterschied besteht darin, dass das Telefoninterview eher oberflächlich verläuft und wahrscheinlich mehr "typische" Fragen enthält, während im nächsten Schritt - also im persönlichen Bewerbungsgespräch - dann detaillierter auf einzelne Station und Erfahrungen eingegangen wird und der Anteil an Verhaltensfragen steigt. Beide Gesprächsarten sind aber gleich wichtig, denn ohne ein erfolgreiches Telefoninterview wirst du gar nicht erst zum persönlichen Gespräch eingeladen.

Über uns

Die Interview Academy ist aus der Idee entstanden, Studenten und Absolventen die bestmögliche Vorbereitung auf ein Bewerbungsgespräch zu ermöglichen.

Es gibt viele Ratgeber und Internetseiten zum Thema Bewerbung. Leider lässt die Qualität oft zu wünschen übrig, oder die "guten Tipps" sind oberflächlich oder gar inhaltlich falsch. Viele der Autoren solcher Ratgeber kommen selbst nicht aus der Praxis und geben daher gut gemeinte, aber oft irreführende Anleitungen.

Wir von der Interview Academy sind selbst in eurer Situation gewesen und haben erst vor wenigen Jahren an vielen Auswahlgesprächen und Interviews teilgenommen. Wir arbeiten in den großen Unternehmen, die bei Absolventen sehr begehrt sind, und wir sind heute selbst in der glücklichen Lage, Mitarbeiter auswählen und Interviews führen zu dürfen.

Wir bringen Erfahrungen aus Unternehmen wie Unilever, Daimler, Roche oder Henkel mit. Wir sind selbst durch die Auswahlrunden der Top-Arbeitgeber gegangen, sind an mancher Hürde gescheitert (heute wissen wir, warum), und haben viele andere Herausforderungen erfolgreich gemeistert. Wir haben in den Bereichen Marketing, Verkauf, Finanzen, Qualitätsmanagement und Beratung namhafter Unternehmen gearbeitet.

Und wir möchten dieses Wissen mit euch teilen.

Uns geht es nicht darum, euch die "richtige" Lösung für ein Vorstellungsgespräch zu geben. Die gibt es leider nicht. Aber wir möchten dazu beitragen, dass ihr euch am Tag des Interviews in Bestform präsentiert. Und darauf muss man sich vorbereiten. Einen Marathon läuft man schließlich auch nicht unvorbereitet. Für die optimale Vorbereitung haben wir in unseren Büchern und auf unserer Website ein umfassendes Training zusammengestellt.

Vielen Dank, dass du dich mit der Interview Academy auf dein Vorstellungsgespräch vorbereitest.

Wir wünschen dir für dein Bewerbungsgespräch viel Erfolg!

Dein Interview Academy Team
www.InterviewAcademy.de

Dir hat dieses Buch gefallen?

Dann helfe anderen in deiner Situation bei der Auswahl eines geeigneten Vorbereitungsbuchs. Auch ich als Autor freue mich sehr über ehrliches Feedback. Positiv oder negativ, es hilft mir dieses Buch weiter zu verbessern und auf Basis der Anregungen in Zukunft zu erweitern. Und über positive Rückmeldungen freue ich mich natürlich besonders, denn sie machen Mut, dass dir mein Ratgeber bei deiner Bewerbungsgespräch Vorbereitung geholfen hat.

Bitte schenke mir 1-2 Minuten deiner Zeit und hinterlasse ein Feedback zum Buch auf Amazon.de.

Vielen Dank!

Ähnliche Bücher, die dir gefallen könnten:

Impressum und Rechtliche Hinweise

Impressum:

Die Interview Academy ist eine Marke der MarketMatch Marketing Dienstleistungen

vertreten durch Herrn Tobias Meier
Heckenweg 1
49170 Hagen
E-Mail: info@interviewacademy.de

Rechtliche Hinweise:

Inhalt und Struktur dieses Buchs sind urheberrechtlich geschützt und dürfen ohne die explizite, schriftliche Erlaubnis des Urhebers, Rechteinhabers und Herausgebers von Dritten nicht genutzt werden.

Der Inhalt dieses Buches und die Tipps und Vorbereitungen sind von uns sorgfältig ausgewählt und geprüft worden. Dennoch können wir keine Garantie für ein erfolgreiches Vorstellungsgespräch oder für die Richtigkeit der Lösungsansätze in der jeweiligen Situation geben. Die Interview Academy, MarketMatch und unsere Teams übernehmen daher keine Haftung für Personen-, Sach- oder Vermögensschäden.

Stilistische Hinweise:

Aus Gründen der leichteren Lesbarkeit verwenden wir an vielen Stellen nur die männliche oder nur die weibliche Form. Selbstverständlich sind immer alle Leserinnen und Leser gemeint.

www.ingramcontent.com/pod-product-compliance
Lightning Source LLC
Chambersburg PA
CBHW051816170526
45167CB00005B/2032